EDITION RADIO VATIKAN

Joseph Ratzinger

Das Geheimnis von Tod und Auferstehung

Betrachtungen zur Fasten- und Osterzeit

Birgit Pottler (Hg.)

benno

»Sie werden auf den schauen, den sie durchbohrt haben« – mit diesen Worten beschließt der Evangelist Johannes seine Darstellung der Passion des Herrn; mit diesen Worten eröffnet er die Christusvision im letzten Buch des Neuen Testaments, das wir »Geheime Offenbarung« zu benennen pflegen. Zwischen der zweimaligen Anführung dieses prophetischen Wortes aus dem Alten Bund liegt die ganze Geschichte ausgespannt: zwischen Kreuzigung und Wiederkunft des Herrn; in diesem Wort ist ebenso die Rede von der Erniedrigung dessen, der wie ein Verbrecher am Galgen starb, wie von der Macht dessen, der kommen wird, die Welt zu richten – auch unser Richter. »Sie werden schauen auf den, den sie durchbohrten« – das ganze Johannesevangelium ist im Grunde nichts anderes als der Vollzug dieses Wortes, nichts anderes als das Bemühen, unsere Augen und unser Herz zu sammeln in den Blick auf Ihn hinein. Und die ganze Liturgie der Kirche ist nichts anderes als Schauen auf den Durchbohrten, dessen verhülltes Antlitz der Priester auf dem Höhepunkt des Kirchenjahres, in der gottesdienstlichen Feier des Karfreitags, den Augen der Kirche und der Welt enthüllt: »Seht, das Holz des Kreuzes, an dem das Heil der Welt gehangen!« »Sie werden schauen auf den, den sie durch-

»Sie werden schauen auf den, den sie durchbohrten.«

bohrten.« – Herr, gib uns, in dieser Stunde auf dich zu schauen, in der Stunde deiner Verborgenheit und Erniedrigung durch eine Welt, die das Kreuz als ärgerlichen Unfall übergehen will, die sich deinem Blick entzieht, ihn als unnütze Zeitvergeudung ansieht und nicht weiß, dass sie eben darin deiner Stunde entgegengeht, in der sich niemand deinem Blick wird entziehen können.

Von dem Ereignis der Durchbohrung des Gekreuzigten berichtet Johannes mit einer eigentümlich umständlichen Feierlichkeit, die sogleich das Gewicht erkennen lässt, das er diesem Vorgang beimisst. In dem Bericht, der mit einer fast beschwörenden Bezeugungsformel schließt, sind zwei Texte des Alten Testaments verarbeitet, durch deren Einbeziehung zugleich der Sinn dieses Geschehens ans Licht gebracht wird. »Kein Knochen soll zerbrochen werden an ihm«, sagt Johannes und führt damit ein Wort aus dem Passah-Ritual der Juden an, eine der Vorschriften über das Osterlamm. So gibt er zu erkennen, dass Jesus, dessen Seite zur selben Stunde durchbohrt wurde, in der im Tempel die rituelle Schlachtung der Osterlämmer erfolgte, das wahre, fehlerlose Osterlamm ist, in dem der Sinn allen Kultes und allen Rituals sich endlich erfüllt, ja, überhaupt erst sichtbar wird, was Kult in Wahrheit bedeutet. Aller vorchristlicher Kult beruht letztlich auf der Idee der Vertretung: Der Mensch weiß, dass er im Grunde sich selbst geben müsste, wenn er Gott auf gottgemäße Weise verehren will, aber er erfährt zugleich die Unmöglichkeit, sich selbst zu geben und so entwickelt sich der Ersatz: Hekatomben von Brandopfern lodern auf den Altären der Antike, ein gewaltiges Kultwesen wird ausgebaut –

»Der Mensch weiß, dass er sich selbst geben müsste.«

aber über alledem liegt eine bedrückende Vergeblichkeit, denn es gibt nichts, wodurch der Mensch sich selbst ersetzen könnte: Was er auch immer bietet, es bleibt zu wenig. Die prophetische Kultkritik hatte das der Selbstgewissheit der Ritualisten immer wieder entgegengehalten: Gott, dem die ganze Welt gehört, braucht eure Böcke und Stiere nicht; die prunkvolle Fassade des Ritus verdeckt nur die Flucht vor dem Eigentlichen, vor dem Ruf Gottes, der uns selber will und der allein in der Geste der vorbehaltlosen Liebe wahrhaft angebetet wird. Während im Tempel die Osterlämmer verbluten, stirbt draußen vor der Stadt ein Mensch, stirbt Gottes Sohn, getötet von denselben, die ihn im Tempel zu verherrlichen meinen. Gott stirbt als Mensch – er gibt sich selber ganz den Menschen, die sich ihm nicht zu geben vermögen, und setzt so an die Stelle des vergeblichen kultischen Ersatzes die Wirklichkeit seiner allgenügenden Liebe.

»Gott braucht eure Böcke und Stiere nicht.«

Der Brief an die Hebräer hat die kleine Anspielung des Johannesevangeliums weiter ausgebaut und die jüdische Liturgie des Versöhnungstages als bildhaftes Vorspiel für die wirkliche Lebens- und Sterbensliturgie Jesu Christi ausgelegt. Was sich vor den Augen der Welt als durchaus profaner Vorgang darstellte, als die Hinrichtung eines Mannes, der als politischer Verbrecher verurteilt war, das war tatsächlich die einzige wirkliche Liturgie der Weltgeschichte – kosmische Liturgie, in der nicht im abgezirkelten Bereich des liturgischen Spiels – im Tempel –, sondern vor der Öffentlichkeit der Welt Jesus durch den Vorhang des

Todes hindurch in den wirklichen Tempel: vor das Angesicht des Vaters trat und nicht das Blut von Ersatzwesen brachte, sondern sich selbst – wie es wahrer Liebe gemäß ist, die nicht weniger schenken kann als eben sich. Die Wirklichkeit der Liebe, die sich selber gibt, ist an die Stelle des Spiels mit dem Ersatz getreten, das nun für immer ausgespielt ist. Der Tempelvorhang ist zerrissen; fortan gibt es keinen Kult mehr, als die Teilhabe an der Liebe Jesu Christi, die der immerwährende kosmische Versöhnungstag ist. Und freilich: die Idee des Ersatzes, der Vertretung hat in Jesus Christus einen unerhörten, neuen Sinn bekommen. Gott selbst ist in Jesus Christus an unsere Stelle getreten, und nur von diesem Geheimnis der Vertretung her leben wir alle.

Johannes sagt, ein Soldat habe die Seite Jesu mit der Lanze geöffnet. Er gebraucht dabei dasselbe Wort, das im Alten Testament bei der Schilderung der Erschaffung Evas aus der Seite des schlafenden Adam verwendet wird. Was immer dieser Hinweis des Näheren bedeuten mag, soviel ist klar, dass er sagen will, dass das Schöpfungsgeheimnis des Voneinander und Füreinander von Mann und Frau sich im Zueinander von Christus und gläubiger Menschheit wiederholt. Die Kirche stammt aus der geöffneten Seite des sterbenden Christus, oder anders und weniger bildhaft ausgedrückt: Gerade der Tod des Herrn, die Radikalität der Liebe, die bis zur Selbstpreisgabe reicht, hat seine Fruchtbarkeit gegründet. Weil er sich nicht in den Egoismus dessen eingeschlossen hat, der nur für sich selber leben will und die Selbsterhaltung über alles andere stellt, sondern sich eröffnen ließ, um von sich weg zu gehen und für die anderen da zu sein, darum reicht er nun unendlich über sich hinaus in alle Zeiten hinein. Die geöffnete Seite ist so Symbol eines neuen Menschenbildes, eines neuen Adam; sie kennzeichnet Christus als den, der Mensch für die anderen ist. Und vielleicht kann man allein von hier aus die tiefsten Aussagen des Glaubens über Jesus Christus begreifen, so wie zugleich von hier der unmittelbare Auftrag des Gekreuzigten an unser Leben deutlich wird. Der Glaube sagt über Jesus

Christus, dass er in zwei Naturen nur eine Person sei; im griechischen Urtext des Dogmas heißt es richtiger und besser, dass er nur eine »Hypostase«, nur ein Selbststand sei. Im Laufe der Geschichte ist das immer wieder so missverstanden worden, als ob damit etwas an Jesu Menschsein fehle, als ob er doch, um Gott sein zu können, an irgendeiner Stelle weniger Mensch sein müsse. Das Gegenteil ist der Fall: Jesus ist der wahre, der maßgebende Mensch, auf den unser aller Menschsein zugehen muss, um in seine Eigentlichkeit zu kommen. Er ist es gerade darin, dass er nicht »Hypostase«, Stehen-bei-sich-selber ist. Denn höher als das Stehen-Können bei sich selbst ist das Nicht-stehen-bleiben-Können und -Wollen bei sich selber, das Fortgehen von sich auf die anderen hin vom Vater-Gott her. Jesus ist gleichsam nichts anderes als die Bewegung von sich fort auf den Vater und auf die Menschen zu. Und eben deshalb, weil der Ring des Kreises um sich selbst bei ihm radikal durchbrochen ist, ist er Sohn Gottes und Menschensohn in einem. Eben, weil er ganz für die anderen ist, ist er ganz er selbst – Zielbild des wahren Menschentums. Christ werden heißt Mensch werden, ins wahre Menschsein hinein, das Sein-für-die-andern und Sein-von-Gott-her ist. Die geöffnete Seite des Gekreuzigten, die Todeswunde des neuen Adam, ist der Ausgangspunkt des wahren Menschseins des Menschen: Sie werden auf den schauen, den sie durchbohrt haben.

»Christ werden heißt Mensch werden.«

Blicken wir noch einmal hin auf die geöffnete Seite des gekreuzigten Christus, denn dieser Blick ist der innere Sinn des Karfreitags, der unsere Augen von allen Blickfängen der Welt, von der Fata Morgana ihrer Schaufensterverheißungen fort auf den wahren Richtpunkt weisen will, der allein uns Weg gewähren kann inmitten des Gewirrs der Gassen, die nur im Kreis herum führen. Johannes hat den Gedanken, dass die Kirche im Tiefsten ihren Ursprung aus der durchbohrten Seite Christi nimmt, auch noch auf eine andere als die vorhin bedachte Weise ausgedrückt. Er verweist darauf, dass Blut und Wasser aus der Seitenwunde geflossen sind. Blut und Wasser sind für ihn Andeutungen der beiden Grundsakramente Eucharistie und Taufe, die ihrerseits den eigentlichen Inhalt des Kirche-Seins der Kirche bilden. Taufe und Eucharistie sind die beiden Weisen, wie die Menschen einbezogen werden in den Lebensraum Jesu Christi. Denn Taufe bedeutet, dass ein Mensch Christ wird, sich unter den Namen Jesu Christi stellt. Und solches Stehen unter einem Namen bedeutet ja weit mehr als ein Spiel mit Worten; was es meint, können wir ein wenig ersehen aus dem Vorgang der Ehe und der Namensgemeinschaft, die sie zwischen zwei Menschen stiftet als Ausdruck der Verknotung ihres beiderseitigen Seins, die ihnen darin geschieht.

»Blut und Wasser sind Andeutungen der Grundsakramente Eucharistie und Taufe.«

INRI

MEIN UND DEIN

Die Taufe, die uns als sakramentaler Vollzug der Christwerdung mit dem Namen Christi verbindet, meint damit durchaus einen der Ehe ähnlichen Vorgang: Durchdringung unserer Existenz mit der seinigen, Einfügung meines Lebens in das seinige, das mir so zum Richtmaß, zum Raum meines Menschseins wird. Eucharistie aber ist Tischgemeinschaft mit Christus, die uns in ihn hinein verwandeln und uns so zueinander führen will, da wir doch alle das gleiche Brot essen: den Leib des Herrn, den wir nicht gleichsam in uns hineinnehmen, sondern der uns aus uns herausnehmen und in sich einbeziehen und uns so in Wahrheit zu seiner Kirche machen will.

Johannes führt beide Sakramente auf das Kreuz zurück; er sieht sie aus der geöffneten Seite des Herrn hervorströmen und findet damit das Wort aus den Abschiedsreden Jesu erfüllt: Ich gehe und komme zu euch. Indem ich gehe, komme ich; ja, mein Fortgehen – der Tod am Kreuz – ist selbst schon mein Wiederkommen. Solange wir leben, ist der Leib nicht nur die Brücke, die uns einander verbindet, sondern auch die Grenze, die uns trennt, uns abschließt ins Unüberschreitbare unseres Ich, unserer Raum-Zeit-Gestalt hinein. Wiederum wird die geöffnete Seite zum Symbol für die neue Offenheit, die dem Herrn im Tod erwächst: Nun bindet ihn die Grenze des Leibes nicht mehr, Blut und Wasser seiner Seite strömen die Geschichte hindurch, als der Auferstandene ist er der offene Raum, der uns alle ruft. Seine Wiederkunft ist nicht ein fernes Ereignis am Ende der Tage, sie hat in der Stunde seines Todes begonnen, in der er fortgehend neu in unsere Mitte trat.

»Die geöffnete Seite wird zum Symbol für die neue Offenheit.«

So hat sich im Tod des Herrn das Geschick des Weizenkorns erfüllt: Wenn es nicht in die Erde fällt, so bleibt es allein; fällt es aber in die Erde und stirbt, so trägt es hundertfältige Frucht. Noch immer zehren wir von dieser Frucht des gestorbenen Weizenkornes: Im Weizenbrot der Eucharistie empfangen wir die unerschöpfliche Brotvermehrung der Liebe Jesu Christi, die reich genug ist, den Hunger aller Jahrhunderte zu sättigen und die freilich solcherweise auch uns in den Dienst dieser Brotvermehrung ziehen will. Die paar Gerstenbrote unseres Lebens mögen nutzlos erscheinen, der Herr aber bedarf ihrer und fordert sie ein.

Die Sakramente der Kirche sind wie diese selbst Frucht des sterbenden Weizenkorns. Sie zu empfangen verlangt von uns, dass wir uns in jene Bewegung hineinbegeben, aus der sie selber kommen. Es verlangt von uns, einzugehen in jenes Sich-Verlieren, ohne das man sich nicht finden kann: »Wer sein Leben bewahren will, der wird es verlieren; wer es aber um meinetwillen und für das Evangelium verliert, der wird es bewahren« – dies Wort des Herrn ist die Grundformel christlichen Lebens. Glauben ist am Ende nichts anderes als das Ja-Sagen zu diesem heiligen Abenteuer des Sich-Verlierens, und er ist eben darin, von seinem innersten Kern her, nichts anderes als die wahre Liebe. So erhält christliches Leben seine prägende Gestalt vom Kreuz Jesu Christi her und christliche Weltoffenheit, von der wir heute so viel sagen hören, kann ihr wahres Urbild nirgends anders finden als in der geöffneten Seite des Herrn, die Ausdruck jener radikalen Liebe ist, die allein erlösen kann.

»Glauben ist Ja-Sagen zum heiligen Abenteuer des Sich-Verlierens.«

»Über dem Kreuz leuchtet der Glanz des Ostermorgens.«

Blut und Wasser entströmten dem durchbohrten Leichnam des Gekreuzigten. Was so zunächst Zeichen seines Todes ist, Ausdruck seines Scheiterns bis in den Abgrund des Sterbens hinab, ist zugleich schon neuer Beginn: Der Gekreuzigte wird auferstehen und stirbt nicht mehr. Aus der Tiefe des Todes steigt die Verheißung ewigen Lebens empor. Über dem Kreuz Jesu Christi leuchtet immer schon der sieghafte Glanz des Ostermorgens. Mit ihm vom Kreuz her leben heißt daher auch immer, unter der Verheißung der österlichen Freude leben.

Wir wollen beten: Herr Jesus Christus, gib uns, an diesem Karfreitag hinzuschauen auf dich, auf dein durchbohrtes Herz. Gib uns, daß unsere Augen und unser Geist, die so viel Eitles und Gemeines trinken Tag um Tag, einmal durch all die Kulissen dieser Zeit hindurchschauen auf das wahrhaft Rettende: auf dich, das gestorbene Weizenkorn, aus dem die hundertfältige Frucht der Liebe gekommen ist, von der wir alle leben. Herr, wie zaudern wir, wie wehren wir uns, wenn du uns als Weizenkorn nehmen willst, wenn du uns herausnehmen willst aus der kleinlichen Hut der Selbstbewahrung, in die wir uns großsprecherisch verkrochen haben. Ach, du weißt, wie schwach wir sind, wie wenig Dunkel wir zu tragen vermögen, wie ängstlich wir festhalten an uns selbst. Mach du uns frei; führe uns hinüber über die Schwelle unserer Furcht, und was wir nicht vermögen, schenke du uns aus dem nie versiegenden Reichtum deines geöffneten Herzens. Amen.

»Mach du uns frei.«

HERR, ERBARME DICH

Lasset uns beten für die heilige Kirche Gottes: Dass Du, o Herr, sie führen wollest in dieser Zeit der Verwirrung, des Suchens und Fragens. Dass du ihr heilige Menschen senden wollest, die aus der Mitte ihres Glaubens inmitten unseres Heute leben. Dass du uns Eintracht, Geduld der einen mit den andern, die tragende Kraft der Liebe und den Mut zur heiligen Torheit des Glaubens geben wollest:
Kyrie eleison.
Lasset uns beten für alle Suchenden, Angefochtenen und Irrenden: Dass du, o Gott, inmitten der verführerischen Flucht in die Schlagworte, inmitten der Diktatur des billigsten Weges den Suchenden helfen, den Angefochtenen Kraft sein wollest; die Ausgelieferten tragen mögest in dem furchtbaren Umsonst, das sie zu erdrücken droht. Dass du Licht seiest in der Zweideutigkeit, die uns wanken machen will. Dass du auch den Irrenden, den Verfolgern, die in irgendeiner Tiefe doch vielleicht suchen nach dir, dich zeigen wollest:
Kyrie eleison.
Lasset uns beten um den Frieden der Welt, für die Hungernden, Verfolgten und Kranken. Herr, hab ein Einsehen mit der furchtbaren und vielgestaltigen Not, die die Menschen niederdrückt. Es sind ja deine Kinder, vergiss sie doch nicht. Gib Frieden in

den Zonen der Friedlosigkeit, denn du, du allein, kannst es noch inmitten der furchtbaren Verhärtung der Menschen. Speise die Hungernden, kleide die Nackten, tröste die Zerschlagenen:
Du Gott allen Trostes:
Kyrie eleison.

»Alles ist vorüber.«

Das Wort vom Tod Gottes geistert immer lauter durch unsere Zeit. Zuerst, bei Jean Paul, ist es nur wie ein Albtraum – der tote Jesus verkündet vom Dach der Welt aus den Toten, dass er bei seiner Fahrt ins Jenseits nichts gefunden – keinen Himmel, keinen vergeltenden Gott, sondern nur das endlose Nichts, das Schweigen der gähnenden Leere. Noch ist es nur ein Schrecktraum, den man ächzend im Erwachen als Traum beiseite schiebt, wenngleich die einmal erlittene Angst, die immer schon dumpf auf dem Grund der Seele lauerte, nie mehr gänzlich weichen will. Hundert Jahre später, bei Nietzsche, ist es tödlicher Ernst, der in einem gellenden Schrei des Entsetzens sich äußert: »Gott ist tot! Gott bleibt tot! Und wir haben ihn getötet!« Inzwischen, wieder fünfzig Jahre später, spricht man schon fast mit akademischer Gelassenheit darüber und fängt an, sich auf eine »Theologie nach dem Tode Gottes« einzurichten, sieht sich um, wie es weitergehen mag, und ermutigt den Menschen, sich darauf vorzubereiten, als Stellvertreter Gottes einzuspringen. Das erschreckende Geheimnis des Karsamstags, sein Abgrund an Schweigen, hat damit eine bedrängende Wirklichkeit in unserer Gegenwart erhalten. Denn dies ist Karsamstag: Tag der Verborgenheit Gottes, Tag jener ungeheuren Paradoxie, die wir im Glaubensbekenntnis aussprechen mit den Worten »abgestiegen zu der Hölle«, abgestiegen ins Mysterium des Todes hinein. Am Karfreitag konnten wir noch auf den Durchbohrten hinblicken – der Karsamstag ist leer, der schwere Stein des frischen Grabes deckt den Verstorbenen, alles ist vorüber, der Glaube scheint definitiv als Schwärmerei enthüllt. Kein Gott hat diesen Jesus gerettet, der sich Sohn Gottes nannte. Man kann beruhigt sein – die Nüchternen, die vorher im Geheimen doch ein wenig geschwankt hatten, ob vielleicht etwas anderes sei, sie haben Recht behalten.

EINGESCHLOSSEN, LEBLOS, TOT

Karsamstag, Tag des Begräbnisses Gottes – ist das nicht auf eine unheimliche Weise unser Tag? Fängt unser Jahrhundert nicht an, zu einem großen Karsamstag zu werden, einem Tag der Abwesenheit Gottes, an dem auch den Jüngern eine eisige Leere ins Herz steigt, so dass sie beschämt und verängstigt sich zum Heimweg rüsten und auf ihrem Emmaus-Gang dumpf und verstört sich in ihre Hoffnungslosigkeit hineinbohren, gar nicht bemerkend, dass der Totgeglaubte in ihrer Mitte ist? Gott ist tot, und wir haben ihn getötet: Haben wir eigentlich bemerkt, dass dieser Satz fast wörtlich der Sprache der christlichen Überlieferung entnommen ist, dass wir oft genug in unseren Kreuzweggebeten schon Ähnliches gelallt haben, ohne den erschreckenden Ernst, die unheimliche Wirklichkeit des Gesagten zu gewahren? Wir haben ihn getötet, indem wir ihn ins Gehäuse veralteter Denkgewohnheiten einschlossen, indem wir ihn in eine Frömmigkeit verbannten, die wirklichkeitslos war und immer mehr zur devotionellen Phrase und zur archäologischen Kostbarkeit wurde; wir haben ihn getötet durch die Zweideutigkeit unseres Lebens, die ihn selbst verdunkelte, denn was könnte Gott fragwürdiger machen in dieser Welt als die Fragwürdigkeit des Glaubens und der Liebe seiner Gläubigen?

»Wir haben ihn getötet durch die Zweideutigkeit unseres Lebens.«

»Wir brauchen das Schweigen Gottes.«

Die Gottesfinsternis dieses Tages, dieses Jahrhunderts, das mehr und mehr zum Karsamstag wird, redet uns ins Gewissen. Sie hat auch mit uns zu tun. Aber sie hat trotz allem etwas Tröstendes an sich. Denn Gottes Sterben in Jesus Christus ist zugleich Ausdruck seiner radikalen Solidarität mit uns. Das dunkelste Geheimnis des Glaubens ist zugleich das hellste Zeichen einer Hoffnung, die ohne Grenzen ist. Und noch eins: Erst durch das Scheitern des Karfreitags, erst durch die Todesstille des Karsamstags hindurch konnten die Jünger zum Begreifen dessen geführt werden, wer Jesus wirklich war, was seine Botschaft in Wahrheit meinte. Gott musste sterben für sie, damit er wahrhaft leben konnte in ihnen. Ihr Bild, das sie von Gott geformt hatten, in das sie ihn einzuzwängen versuchten, musste zerstört werden, damit sie über den Trümmern des zerstörten Hauses den Himmel sehen konnten, ihn selbst, der immer der unendlich Größere bleibt. Wir brauchen die Gottesfinsternis, wir brauchen das Schweigen Gottes, um wieder den Abgrund seiner Größe zu erfahren, den Abgrund unserer Nichtigkeit, der sich auftun würde, wenn er nicht wäre.

DAS SINKENDE SCHIFF

> »Wach auf, siehst du denn nicht, dass wir versinken?«

Es gibt im Evangelium eine Szene, die auf erregende Art das Schweigen des Karsamstags vorwegnimmt und so zugleich noch einmal wie ein Porträt unserer geschichtlichen Stunde erscheint. Christus schläft in einem Boot, das vom Sturm gepeitscht am Versinken ist. Der Prophet Elias hatte einst die Baalspriester, die vergebens lautstark zu ihrem Gott um Feuer für das Opfer schrien, verhöhnt, ihr Gott schlafe wohl, und man müsse vielleicht noch lauter rufen, um ihn aufzuwecken. Aber schläft Gott nicht wirklich? Trifft der Hohn des Propheten nicht zuletzt die Gläubigen des Gottes Israel, die mit ihm in einem versinkenden Boot fahren? Gott schläft, während seine Sache am Versinken ist – ist das nicht die Erfahrung unseres eigenen Lebens? Scheint die Kirche, scheint der Glaube nicht wie ein versinkendes kleines Schiff, das vergebens gegen Wind und Wellen kämpft, während Gott abwesend ist? Die Jünger rütteln und schreien in äußerster Verzweiflung den Herrn wach – er aber scheint erstaunt und schilt sie kleingläubig. Nun, geht es uns anders? Wenn der Sturm vorüber sein wird, werden wir erkennen, wie töricht unser Kleinglaube war. Und dennoch, Herr, wir können nicht anders, als dich, den schweigenden, schlafenden Gott rütteln, zu dir schreien: Wach auf – siehst du denn nicht, dass wir versinken? Wach auf, lass die Dunkelheit des Karsamstags nicht endlos sein, lass einen Strahl von Ostern auch in unsere Tage fallen, geh mit uns, wenn wir hoffnungslos nach Emmaus wandern, dass unser Herz uns brennend werde von deiner Nähe. Der du Israels Wege verborgen geleitet hast, um endlich Mensch mit uns Menschen zu sein: Lass uns nicht im Dunkel, lass dein Wort in der Geschwätzigkeit dieser Tage nicht untergehen. Herr, hilf uns, denn ohne dich müssten wir zugrunde gehen.

Die Verborgenheit Gottes in dieser Welt ist das eigentliche Geheimnis des Karsamstags, das sich uns in dem Rätselwort andeutet, Jesus sei »abgestiegen zu der Hölle«. Insofern hat uns die Erfahrung unserer Zeit einen ganz neuen Zugang zum Karsamstag geschaffen, denn die Verborgenheit Gottes in seiner eigenen Welt, die doch eigentlich mit tausend Zungen von ihm künden müsste, die Erfahrung der Ohnmacht Gottes, der doch der Allmächtige ist – sie ist die Erfahrung und die Not unserer Zeit.

»Nun aber ist auch Tod noch Leben.«

Aber wenn uns so der Karsamstag innerlich ganz nahe gerückt ist, wenn wir den Gott des Karsamstags mehr begreifen als die machtvollen Manifestationen Gottes im Sturm und Gewitter, von denen das Alte Testament erzählt, so bleibt doch die Frage, was denn eigentlich näherhin gemeint sei mit der rätselhaften Formel, Jesus sei »abgestiegen zu der Hölle«. Sagen wir es offen: Niemand kann das wirklich erklären, und es wird auch dadurch nicht wesentlich klarer, dass man feststellt, Hölle sei hier eine falsche Übersetzung für das hebräische Wort Scheol, das einfach das Totenreich insgesamt bedeute, und so besage die Formel ursprünglich allein dies, dass Jesus in die Tiefe des Todes abgestiegen, wirklich tot gewesen sei und am Abgrund unseres Todesschicksals teilgenommen habe. Denn nun steht die Frage auf:

Was ist das eigentlich, der Tod, und: was geschieht eigentlich, wenn man in die Tiefe des Todes absteigt? Wir werden dabei bedenken müssen, dass Tod nicht mehr dasselbe ist, seitdem Christus in ihn eingestiegen ist, seitdem Christus ihn durchdrungen und angenommen hat, so wie Leben, menschliches Sein nicht mehr dasselbe ist, seitdem die menschliche Natur in Christus Gottes eigenes Sein berühren durfte und darf. Vordem war Tod nur Tod, Abgeschiedensein vom Land der Lebendigen und – wenn auch in verschiedener Tiefe – so etwas wie »Hölle«, Nachtseite des Daseins, undurchdringliches Dunkel. Nun aber ist auch Tod noch Leben, und wenn wir hindurchschreiten durch die eisige Einsamkeit der Pforte des Todes, begegnen wir immer noch ihm, der das Leben ist, der Gefährte unserer letzten Einsamkeiten werden wollte und der in der tödlichen Einsamkeit seiner Ölbergangst und seines Kreuzesrufes »Mein Gott, mein Gott, warum hast du mich verlassen?« zum Teilhaber unserer Verlassenheiten wurde.

Wenn ein Kind einsam in dunkler Nacht durch einen Wald gehen muss, wird es sich fürchten, auch wenn ihm hundertmal bewiesen worden wäre, dass dort nichts Gefährliches sei. Es fürchtet sich nicht vor etwas Bestimmtem, das es nennen könnte, sondern es erfährt im Dunkel die Ungeborgenheit, die Ausgesetztheit, das Unheimliche des Daseins an sich. Nur eine menschliche Stimme könnte es trösten; nur die Hand eines liebenden Menschen die Angst wie einen bösen Traum beiseite scheuchen. Es gibt eine Furcht – die eigentliche, in der Tiefe unsrer Einsamkeiten wohnende Furcht –, die nicht durch Verstand, sondern nur durch die Gegenwart eines Liebenden überwunden werden kann, weil diese Furcht sich auf nichts Nennbares bezieht, sondern das Unheimliche unsrer letzten Einsamkeit ist. Wer hätte nie das Erschreckende solchen Verlassenseins gefühlt? Wer nie das heilig-tröstende Wunder erfahren, das ein Wort der Liebe in solchem Augenblick bedeutet? Wo aber eine Einsamkeit entsteht, in die kein Wort der Liebe mehr verwandelnd dringen kann, da sprechen wir von Hölle. Und wir wissen, daß nicht wenige Menschen unserer scheinbar so optimistischen Zeit der Meinung sind, dass alle Begegnung an der Oberfläche bleibe, dass kein Mensch zu der

»Es gibt eine Furcht, die nur durch die Gegenwart eines Liebenden überwunden werden kann.«

letzten, eigentlichen Tiefe des anderen Zutritt habe, und dass so im tiefsten Grund von unser aller Dasein die Verzweiflung, ja, die Hölle, wohne. Jean-Paul Sartre hat das in einem seiner Dramen künstlerisch ausgesagt und damit zugleich den Kern seiner Lehre vom Menschen bloßgelegt. Und in der Tat: Eins ist gewiss – es gibt eine Nacht, in deren dunkle Verlassenheit keine tröstende Stimme dringt, eine Tür, durch die wir nur einsam schreiten können: das Tor des Todes. Alle Furcht dieser Welt ist im Letzten die Furcht dieser Einsamkeit. Deshalb auch war im Alten Testament das Wort für das Todesreich und für die Hölle ein und dasselbe: Scheol. Denn der Tod ist die Einsamkeit schlechthin. Jene Einsamkeit aber, der die Liebe nicht mehr leuchten kann, die so tief ist, dass die Liebe nicht mehr Zutritt hat zu ihr, ist die Hölle.

»Abgestiegen zu der Hölle« – dies Bekenntnis des Karsamstags bedeutet, dass Christus das Tor der Einsamkeit durchschritten hat, dass er abgestiegen ist in den unerreichbaren, unübersteigbaren Grund unseres Verlassenseins. Es bedeutet, dass auch in der letzten Nacht, in die kein Wort mehr dringt, in der wir alle wie weinende, ausgestoßene Kinder sind, eine Stimme ist, die uns ruft, eine Hand, die uns nimmt und führt. Die unübersteigliche Einsamkeit des Menschen ist überstiegen, seitdem Er in ihr war. Die Hölle ist überwunden, seitdem die Liebe auch in die Region des Todes eingetreten ist und das Niemandsland der Einsamkeit bewohnt wird von ihm. Der Mensch lebt im Tiefsten nicht vom Brot, sondern im Eigentlichen seines Menschseins lebt er davon, dass er geliebt wird und selber lieben darf. Seitdem es die Anwesenheit der Liebe im Raum des Todes gibt, gibt es Leben mitten im Tod: Deinen Gläubigen, Herr, wird das Leben nicht genommen, nur verwandelt, betet die Kirche in ihrer Totenliturgie.

»Der Mensch lebt im Tiefsten davon, dass er geliebt wird und selber lieben darf.«

Niemand kann es ausmessen, was es im Letzten heißt, dies Wort »abgestiegen zu der Hölle«. Aber wenn wir selbst einmal auf die Stunde unserer letzten Einsamkeit zugehen, werden wir etwas von der großen Helligkeit dieses dunklen Geheimnisses begreifen dürfen. In der hoffenden Gewissheit, dass wir in jener Stunde tiefster Verlassenheit nicht allein sein werden, können wir jetzt schon ein Weniges davon erahnen. Und mitten in unserem Aufbegehren gegen das Dunkel des Gottestodes beginnen wir, dankbar zu werden für das Licht, das gerade aus diesem Dunkel zu uns kommt.

»Und wenn ich in der Hölle mich bergen wollte, auch da noch bist du.«

Im Breviergebet des Priesters ist die Liturgie der drei Kartage besonders sorgfältig gebaut; die Kirche will uns in ihrem Beten gleichsam selbst hineinziehen in die Wirklichkeit der Passion des Herrn, uns über das Reden hinaus in die geistige Mitte des Geschehenen führen. Wenn man versucht, die Gebetsliturgie des Karsamstags zusammenfassend zu kennzeichnen, so wird man vor allen Dingen berührt sein von dem tiefen Frieden, den sie atmet. Christus ist in die Verborgenheit gegangen, aber auch inmitten des undurchdringlichen Dunkels in die Geborgenheit, ja, er selbst ist unser aller letzte Geborgenheit geworden; jetzt erst ist das kühne Wort des Psalmisten wahr geworden: Und wenn ich in der Hölle mich bergen wollte, auch da noch bist du. So geht es aber durch diese Liturgie, je mehr sie voranschreitet, wie ein Morgendämmern, die ersten Lichter des Ostermorgens leuchten in sie hinein. Wenn der Karfreitag uns die zerschundene Gestalt des Durchbohrten vor die Augen stellt, so erinnert die Karsamstagsliturgie viel eher an das Kreuzbild der alten Kirche: an das Kreuz, das von Lichtstrahlen umgeben ebensosehr Zeichen des Todes wie der Auferstehung ist.

So kann uns aber der Karsamstag noch einmal auf eine Seite christlicher Frömmigkeit hinweisen, die uns im Laufe der Zeit vielleicht allzu sehr aus dem Bewusstsein abhanden kam. Wenn wir heute betend auf das Kreuz hinschauen, sehen wir darin meist ausschließlich einen Verweis auf die geschichtliche Passion des Herrn auf Golgota. Aber der Ursprung der Kreuzesfrömmigkeit ist ein anderer: Die Christen beteten nach Osten gewendet zum Zeichen ihrer Hoffnung darauf, dass Christus, die wahre Sonne, aufgehen werde über der Geschichte, zum Zeichen also ihres Glaubens an die Wiederkunft des Herrn. Das Kreuz ist zunächst mit dieser Ostung des Gebetes eng verbunden, es wird dargestellt gleichsam als das Feldzeichen, das dem König bei seiner Ankunft vorangetragen wird, im Kreuzbild ist geradezu die Spitze des Zuges schon in der Mitte der Betenden angelangt. So ist für die frühe Christenheit das Kreuz vor allem Zeichen der Hoffnung, nicht so sehr Zuwendung zum Vergangenen als Hinwendung zum kommenden Herrn. Gewiss entbehrte es nicht einer tiefen Notwendigkeit, dass mit der fortschreitenden Entwicklung immer stärker der Blick sich zurückwandte auf das Geschehene: Gegen alle Verflüchtigungen ins Geistige, gegen das Wegdeuten der Fleischwerdung Gottes, musste die bestürzende Verschwendung

»... welch ein Mensch.«

der Liebe Gottes verteidigt werden, der um des armseligen Geschöpfes Mensch willen selbst ein Mensch geworden war – und welch ein Mensch! Es musste die heilige Torheit der Liebe Gottes verteidigt werden, der nicht ein Machtwort gesprochen, sondern den Weg der Ohnmacht gewählt hatte, um unseren Machttraum zu beschämen und von innen her zu überwinden.

Aber haben wir nicht allzusehr den Zusammenhang von Kreuz und Hoffnung, die Einheit von Kreuzrichtung und Ostung, von Vergangenheit und Zukunft im Christlichen vergessen? Der Geist der Hoffnung, den die Gebete des Karsamstags atmen, sollte unser ganzes Christsein neu durchdringen. Christentum ist nicht bloß eine Religion des Vergangenen, sondern ebenso des Zukünftigen; sein Glaube ist zugleich Hoffnung, weil Christus nicht nur der Gestorbene und Auferstandene, sondern auch der Kommende ist.

»Christentum ist eine Religion des Zukünftigen.«

Herr, lass dieses Geheimnis der Hoffnung hineinleuchten in unsere Seele, lass uns das Licht erkennen, das ausgeht von deinem Kreuz, lass uns als Christen vorwärtsgehen, dem Tag deines Aufgangs entgegen. Amen.

»Licht genug, damit wir anderen Licht werden können.«

Wir wollen beten: Herr Jesus Christus, im Dunkel des Todes hast du Licht werden lassen, im Abgrund der tiefsten Einsamkeit wohnt nun für immer die bergende Macht deiner Liebe, inmitten deiner Verborgenheit dürfen wir das Alleluja der Geretteten singen. Gib uns die demütige Einfalt des Glaubens, der sich nicht beirren lässt, wenn du uns in die Stunden des Dunkels, der Verlassenheit rufst, wo alles fraglich zu werden scheint; gib uns in dieser Zeit, da deine Sache wie im Todeskampfe liegt, Licht genug, um dich nicht zu verlieren; Licht genug, damit wir anderen Licht werden können, die dessen noch mehr bedürfen. Lass das Geheimnis deiner österlichen Freude wie eine Morgenröte hineinleuchten in unsere Tage, lass uns wahrhaft österliche Menschen sein inmitten des Karsamstags der Geschichte. Lass uns durch die hellen und dunklen Tage dieser Zeit hindurch frohgemut unterwegs sein hin zu deiner kommenden Herrlichkeit. Amen.

GOTT HAT GEDULD

Der wahre Hirte aller Menschen, der lebendige Gott, ist selbst zum Lamm geworden, er hat sich auf die Seite der Lämmer, der Getretenen und Geschlachteten gestellt. Gerade so zeigt er sich als der wirkliche Hirt. »Ich bin der wahre Hirte ... Ich gebe mein Leben für die Schafe«, sagt Jesus von sich *(Joh 10,14 f.)*. Nicht die Gewalt erlöst, sondern die Liebe. Sie ist das Zeichen Gottes, der selbst die Liebe ist. Wie oft wünschten wir, dass Gott sich stärker zeigen würde. Dass er dreinschlagen würde, das Böse ausrotten und die bessere Welt schaffen. Alle Ideologien der Gewalt rechtfertigen sich mit diesen Motiven: Es müsse auf solche Weise zerstört werden, was dem Fortschritt und der Befreiung der Menschheit entgegenstehe. Wir leiden unter der Geduld Gottes. Und doch brauchen wir sie alle. Der Gott, der Lamm wurde, sagt es uns: Die Welt wird durch den Gekreuzigten und nicht durch die Kreuziger erlöst. Die Welt wird durch die Geduld Gottes erlöst und durch die Ungeduld der Menschen verwüstet.

»Nicht die Gewalt erlöst, sondern die Liebe.«

Predigt in der Messe zur Amtseinführung, 24. April 2005

Israel wurde in der Wüste des Nachts von einer Feuersäule, tagsüber von einer Wolke der Weg gewiesen. Unsere Feuersäule, unsere heilige Wolke ist der auferstandene Christus, der versinnbildlicht wird durch die brennende Osterkerze. Christus ist das Licht; Christus ist der Weg, die Wahrheit und das Leben; ... Christus folgen heißt zuallererst, aufmerksam auf sein Wort hören. ... Der Mensch lebt nicht allein vom Brot oder vom Geld oder von der Karriere, er lebt vom Wort Gottes, das uns korrigiert, uns erneuert, uns die wahren tragenden Werte der Welt und der Gesellschaft erkennen lässt: Das Wort Gottes ist das Brot vom Himmel, das uns das Leben, das Menschsein lehrt. ... Christus folgen heißt, Mitleid empfinden für die Leidenden, ein Herz für die Armen haben; es heißt auch, den Mut dazu aufbringen, den Glauben gegen die Ideologie zu verteidigen, Vertrauen zu haben in die Kirche und in ihre Auslegung und konkrete Umsetzung des göttlichen Wortes für unsere heutige Situation. Nachfolge Christi schließt die Liebe zu seiner Kirche, seinem mystischen Leib, ein. Wenn wir diesen Weg gehen, entzünden wir kleine Lichter in der Welt, durchbrechen wir die Finsternis der Geschichte.

»Wenn wir diesen Weg gehen, entzünden wir kleine Lichter in der Welt.«

Predigt in der Osternacht im Namen von Papst Johannes Paul II., 26. März 2005

TOD MACHT LEBENDIG

Die Auferstehung Christi ist nicht bloß die Erinnerung an ein vergangenes Geschehen. In der Osternacht, im Sakrament der Taufe, wird heute tatsächlich die Auferstehung, der Sieg über den Tod, Wirklichkeit. ... Jesus ist die Auferstehung und das ewige Leben; in dem Maße, in dem wir mit Christus verbunden sind, sind wir schon heute »aus dem Tod ins Leben hinübergegangen«, leben wir schon jetzt das ewige Leben, das nicht nur eine Wirklichkeit ist, die nach dem Tod kommt, sondern die schon heute in unserer Gemeinschaft mit Christus beginnt. Aus dem Tod ins Leben hinübergehen – das ist zusammen mit dem Taufsakrament der eigentliche Kern der Liturgie dieser heiligen Nacht. Aus dem Tod ins Leben hinübergehen – das ist der Weg, zu dem uns Christus die Tür geöffnet hat, zu dem uns die Feier des Osterfestes einlädt.

Predigt in der Osternacht im Namen von Papst Johannes Paul II., 26. März 2005

In Israel feierte man die Paschanacht zu Hause, im engen Familienkreis; so erinnerte man an das erste Pascha in Ägypten – an die Nacht, in der das Blut des Osterlammes auf die Schwellen und Pfosten der Häuser gestrichen worden war, um sie vor dem Vernichter zu schützen. In jener Nacht geht Jesus hinaus und liefert sich den Händen des Verräters aus, des Vernichters, und besiegt genau dadurch die Nacht und die Finsternis des Bösen. Nur so findet das Geschenk der Eucharistie, die im Abendmahlsaal eingesetzt wurde, seine Erfüllung: Jesus gibt wirklich seinen Leib und sein Blut hin. Indem er die Schwelle des Todes überschreitet, wird er lebendiges Brot, wahres Manna, unvergängliche Speise für alle Zeiten. Das Fleisch wird zum Brot des Lebens.

»Das Fleisch wird zum Brot des Lebens.«

Predigt am Hochfest Fronleichnam auf dem Vorplatz der Lateranbasilika, 26. Mai 2005

Den Auferstandenen, der in der Gestalt des Brotes gegenwärtig ist, kann man nicht »essen« wie ein einfaches Stück Brot. Dieses Brot essen heißt kommunizieren, heißt eintreten in die Gemeinschaft mit der Person des lebendigen Herrn. Diese Kommunion, dieses »Essen« ist wirklich eine Begegnung zwischen zwei Personen, ein Sich-durchdringen-Lassen vom Leben dessen, der der Herr ist, der mein Schöpfer und Erlöser ist. Ziel dieser Kommunion, dieses »Essens«, ist die Angleichung meines Lebens an sein Leben, meine Umwandlung und Gleichgestaltung mit ihm, der lebendige Liebe ist.

Predigt am Hochfest Fronleichnam auf dem Vorplatz der Lateranbasilika, 26. Mai 2005

AUFATMEN

In den Menschen ist jetzt trotz all ihrer Grenzen etwas absolut Neues – der Atem Gottes. Das Leben Gottes lebt in uns. Der Atem seiner Liebe, seiner Wahrheit und seiner Güte … Mit seinem Atem, mit der Gabe des Heiligen Geistes verbindet der Herr die Vollmacht zur Vergebung. … Die Kraft, die Verschlossenes öffnet und zur Überwindung Babels führt, ist die Kraft der Vergebung. Jesus kann Vergebung gewähren und die Vollmacht zur Vergebung, weil er selber die Folgen der Schuld erlitten und sie in der Flamme seiner Liebe erstickt hat. Die Vergebung geht von seinem Kreuz aus; er verwandelt die Welt durch die sich hingebende Liebe. Sein am Kreuz geöffnetes Herz ist das Tor, durch das die Gnade der Vergebung in die Welt eintritt. Allein diese Gnade vermag die Welt zu verwandeln und den Frieden aufzubauen.

Predigt bei der Priesterweihe im Petersdom am Pfingstsonntag, 15. Mai 2005

Wir verschließen ständig unsere Türen; wir sind unentwegt darauf bedacht, uns in Sicherheit zu bringen, und wollen weder von den anderen noch von Gott gestört werden. Deshalb können wir den Herrn immer wieder nur darum bitten, er möge unsere Verschlossenheit aufbrechen und zu uns kommen und uns seinen Gruß bringen. »Friede sei mit euch!«: Dieser Gruß des Herrn ist eine Brücke, die er zwischen Himmel und Erde schlägt. Auf dieser Brücke steigt er zu uns herab, und wir können auf dieser Brücke des Friedens zu ihm emporsteigen. Auf dieser Brücke sollen wir, immer zusammen mit ihm, auch den Nächsten, der uns braucht, erreichen. Ja, indem wir uns mit Christus erniedrigen, erheben wir uns bis zu ihm und zu Gott: Gott ist Liebe, und darum ist der Abstieg, die Erniedrigung, die uns die Liebe abverlangt, zugleich der wahre Aufstieg. Gerade dadurch, dass wir uns erniedrigen und dabei aus uns selbst herausgehen, gelangen wir zu der erhabenen Größe Jesu Christi, zur wahren Größe des Menschen.

»Wir können auf dieser Brücke des Friedens zu ihm emporsteigen.«

Predigt bei der Priesterweihe im Petersdom am Pfingstsonntag, 15. Mai 2005

ET IN TERRA PAX HOMINIBUS
世界人類が平和でありますように

OHNE RAUM UND ZEIT

Das wahre Ziel unseres Weges ist die Gemeinschaft mit Gott – Gott selbst ist das Haus mit den vielen Wohnungen *(vgl. Joh 14,2 f.)*. Aber wir können zu diesem Haus nur aufsteigen, wenn wir »nach Galiläa« gehen – wenn wir auf den Straßen der Welt gehen und das Evangelium zu allen Völkern bringen, allen Menschen aller Zeiten das Geschenk seiner Liebe bringen.

Predigt am Hochfest Fronleichnam auf dem Vorplatz der Lateranbasilika, 26. Mai 2005

FREUNDE UND FREUDE

Herr Jesus Christus, du hast zu den Deinen, denen du nach der Auferstehung erschienen bist, gesagt: »Gehet hin und macht alle Menschen zu meinen Jüngern; tauft sie auf den Namen des Vaters, des Sohnes und des Heiligen Geistes und lehrt sie, alles zu halten, was ich euch geboten habe. Siehe, ich bin bei euch alle Tage bis zum Ende der Welt« *(Mt 28,19f)*. Weil du willst, dass alle Menschen zum Heil gelangen, darum willst du auch, dass alle Menschen die Wahrheit erkennen, die allein uns zum Heil führen kann *(vgl. 1 Tim 2,7)*.

Du bist die Wahrheit. Durch dich ist uns die Wahrheit zum Weg geworden, den wir gehen können und der uns zum Leben führt. Ohne dich sind wir im Dunkel über die wesentlichen Fragen unseres Lebens. Ohne dich sind wir wie Schafe ohne Hirten *(Mk 6,34)*. Du aber hast uns bei deiner Auffahrt in den Himmel nicht als Waisen zurückgelassen *(vgl. Joh 14,18)*. Deinen Jüngern hast du nicht nur den Auftrag erteilt, die Menschen den rechten Weg zu lehren. Du hast ihnen für alle Zeiten den Heiligen Geist verheißen, der Generation um Generation in die ganze Wahrheit führt *(vgl. Joh 16,13)*. Vom Heiligen Geist geleitet trägt die Gemeinschaft der Jünger – die Kirche – dein Wort durch die Zeiten. In ihr lebt dein Wort; in ihr bleibt es immer Gegenwart und öffnet Zukunft, denn die Wahrheit ist immer jung und veraltet nie.

Hilf uns, dass wir durch das Verkündigungswort der Kirche lernen, alles zu halten, was du geboten hast. Hilf uns, dass wir freudig dabei das »gute Joch« der Wahrheit auf uns nehmen *(Mt 11,30)*, das uns nicht verknechtet, sondern uns in dir zu Kindern des Vaters und darum zu Freien macht. Hilf uns, im Wort des Glaubens dich selber zu finden, dich kennen und lieben zu lernen. Hilf uns, Freunde der Wahrheit – deine Freunde, Freunde Gottes zu werden. Hilf deiner Kirche, unverzagt in den Wirrnissen der Zeit deinem Auftrag zu gehorchen.

Hilf ihr, deine Botschaft freimütig und unverfälscht zu verkünden. Leite sie durch deinen Geist und führe sie in die Weite der Wahrheit hinein. Herr, lass uns dankbar werden für dein Wort; dankbar für die Botschaft des Katechismus, in der uns dein Wort begegnet, damit auch wir wie der Psalmist sagen lernen: »Wie lieb ist mir deine Weisung, Herr« *(Ps 119,97)*. Ja: »Dein Wort ist meinem Fuß eine Leuchte, ein Licht für meine Pfade« *(Ps 119, 105)*. Amen.

»Leite sie durch deinen Geist.«

den Heiligen Geist!

Benedikt XVI.

Bibliografische Information Der Deutschen Bibliothek

Die Deutsche Bibliothek verzeichnet diese Publikation
in der Deutschen Nationalbibliografie;
detaillierte bibliografische Inforationen sind im Internet
über http://dnb.ddb.de abrufbar.

QUELLENVERZEICHNIS

Alle Texte:
© Libreria Editrice Vaticana, 00120 Città del Vaticano
S. 6–42: Joseph Ratzinger, Meditationen zur Karwoche, Kyrios-Verlag GmbH, Meitingen/Freising
S. 58–61: Libreria Editrice Vaticana/Famiglia Cristiana

FOTONACHWEIS

© Picture Alliance/dpa: Titelbild, S. 10/11, 20, 31, 35, 40, 43, 47, 52/53
© KNA-Bild: S. 7, 15, 16, 18, 29, 51
© Birgit Pottler: S. 25, 26, 37, 55, 58

ISBN 978-3-7462-1983-7

Stammerstraße 11, 04159 Leipzig
www.st-benno.de
Gestaltung: Ulrike Vetter, Leipzig
Gesamtherstellung: Arnold & Domnick, Leipzig